GUIDE DES CANDIDATS

A

L'EMPLOI

DE

CONTROLEUR ADJOINT

DES DOUANES

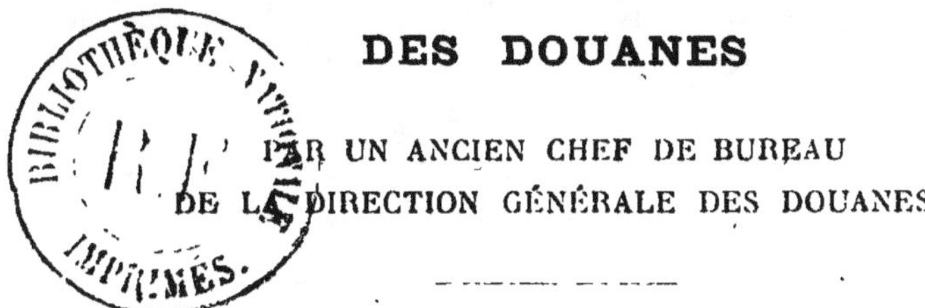

PAR UN ANCIEN CHEF DE BUREAU
DE LA DIRECTION GÉNÉRALE DES DOUANES

I. — *Instructions officielles fixant les conditions du concours
et le programme des matières.*
II. — *Sujets de concours donnés depuis 1919.*

LIBRAIRIE ADMINISTRATIVE P. OUDIN
POITIERS

GUIDE DES CANDIDATS

À

L'EMPLOI

DE

CONTROLEUR ADJOINT

DES DOUANES

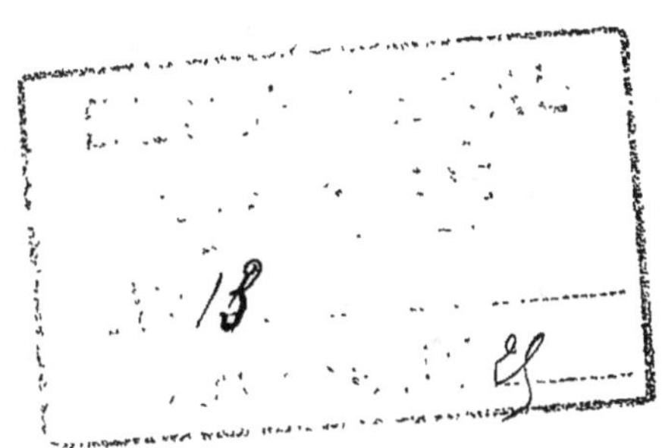

GUIDE DES CANDIDATS

A

L'EMPLOI

DE

CONTROLEUR ADJOINT

DES DOUANES

PAR UN ANCIEN CHEF DE BUREAU
DE LA DIRECTION GÉNÉRALE DES DOUANES

—————

I. — *Instructions officielles fixant les conditions du concours
et le programme des matières.*
II. — *Sujets de concours donnés depuis 1919.*

LIBRAIRIE ADMINISTRATIVE P. OUDIN

POITIERS

Renseignements généraux sur la carrière [1]

Attributions du personnel.

L'Administration des Douanes est chargée du recouvrement des droits de douane proprement dits et des droits accessoires (tels que droits de navigation, de statistique, impôt de 1,30 % à l'importation, etc.). Elle prête aussi son concours aux autres administrations financières et à la plupart des services publics.

Elle comprend un service sédentaire (bureaux) et un service actif (officiers, douaniers).

L'organisation des bureaux comporte un *service de perception* (contrôleurs adjoints, contrôleurs-rédacteurs, receveurs, etc.) auquel incombent les écritures de toute nature que nécessite la prise en charge des sommes recouvrées, un *service de visite* qui vérifie les marchandises et liquide les droits (vérificateurs), *un service de contrôle* (inspecteurs) qui veille à l'exacte application des lois, règlements et circulaires.

Le personnel *sédentaire* et le personnel *actif* concourent à la même tâche, mais sont distincts quant au mode de recrutement et aux attributions.

Il n'existe de service de douane qu'aux frontières (de terre et de mer). Cette partie du territoire national a été partagée sur une profondeur de 20 à 25 kilomètres, en *circonscriptions* plus ou moins étendues, placées sous l'autorité de *directeurs* qui exercent les fonctions de chefs de service dans la zone qui leur est assignée.

L'Administration des Douanes relève du Ministère des Finances.

L'emploi de début est celui de contrôleur adjoint.

Avancements successifs.

Après trois ans de service administratif, les contrôleurs adjoints qui ont effectué un stage probatoire et satisfait à un examen d'aptitude peuvent participer à l'examen pour le grade de *contrôleur-rédacteur adjoint* ou de *vérificateur adjoint* ; en cas de succès, ils sont immé-

---

[1] Les candidats qui voudraient avoir des renseignements plus complets sur la *carrière des douanes* les trouveraient dans un livre que nous avons édité il y a quelques années et qui contient toutes sortes d'indications utiles à connaître (rôle de l'Administration des Douanes, grades, traitements, émoluments accessoires, avantages divers, etc. — S'adresser à la librairie *Oudin*.

diatement titularisés dans ce grade et reçoivent l'indemnité profes-
sionnelle attachée à la fonction. Les vérificateurs bénéficient de parts
de saisies et d'indemnités pour travaux en dehors des heures légales
d'ouverture des bureaux. Qu'ils aient ou non subi l'examen pour les
grades de contrôleur-rédacteur adjoint et de vérificateur adjoint, les
contrôleurs adjoints des douanes peuvent prétendre aux emplois de
contrôleur principal, de *receveur particulier* et de contrôleur en chef.
Ils peuvent ensuite parvenir aux *emplois supérieurs.*

Un concours spécial donne accès aux emplois de *rédacteur à la Direction générale des Douanes.*

Hiérarchie des emplois.

La hiérarchie des emplois dans le service sédentaire est ainsi fixée :

Agents supérieurs.	Directeur chef de la circonscription douanière. Sous-directeur et Inspecteur principal. Inspecteur (*examen d'aptitude*). Receveur principal.
Service des bureaux.	Contrôleur en chef, vérificateur principal. Receveur particulier. Contrôleur-rédacteur, vérificateur et contrôleur princi- pal, contrôleur. Contrôleur-rédacteur adjoint et vérificateur adjoint (*examen d'aptitude*). Contrôleur adjoint (*concours*).

Des équivalences sont établies entre les emplois de la Direction générale des Douanes et ceux du service extérieur.

PREMIÈRE PARTIE

INSTRUCTIONS OFFICIELLES
ET PROGRAMME DES MATIÈRES

DÉCRET DU 19 JANVIER 1920 PORTANT ORGANISATION DES SERVICES EXTÉRIEURS (*Extrait*).

I. — ORGANISATION GÉNÉRALE.

ART. PREMIER. — Les grades, classes, traitements et rétributions sont fixés ainsi qu'il suit dans l'échelle de la hiérarchie (1).

B — Services des bureaux : Contrôleurs adjoints.

1re classe.	6.500
2e classe .	6.000
3e classe .	5.500

Dames employées adjointes.

1re classe.	4.400
2e classe .	4.100
3e classe .	3.800

ART. 7. — Les contrôleurs adjoints sont recrutés par la voie d'un concours dont le programme et les conditions sont fixés par arrêté ministériel. Les postulants doivent, suivant qu'ils ont ou n'ont pas encore été examinés par le conseil de revision, justifier qu'ils ont été classés dans le service militaire armé ou qu'ils ne présentent aucune tare organique de nature à les faire réformer dudit service armé. Peuvent, également, être admis à prendre part au concours ceux qui, classés dans les services auxiliaires pendant la dernière guerre, ont été reconnus aptes à faire campagne.

Les candidats reçus sont nommés aux emplois vacants suivant leur rang de classement. Si, ultérieurement à leur admission au concours, ils sont déclarés impropres au service militaire armé, ils sont ou rayés de la liste des candidats s'ils n'ont pas encore été nommés contrôleurs adjoints, ou maintenus dans les cadres s'ils sont en mesure de produire un certificat d'un médecin délégué et assermenté, établissant qu'ils n'ont aucune tare organique et qu'ils sont aptes au service des bureaux.

Les contrôleurs adjoints ne peuvent être nommés contrôleurs que s'ils ont subi avec succès un examen professionnel spécial dont le programme et les conditions sont fixés par le Directeur général et auquel ils sont admis à prendre part dès qu'ils comptent une année de service administratif. Cette dernière condition n'est pas applicable

---

(1) Au moment où nous écrivons ces lignes, les traitements n'ont pas encore subi le relèvement proposé au Parlement et qui augmentera sensiblement les chiffres fixés par le décret de 1920.

aux agents qui, par suite de rappels pour services militaires, seraient parvenus à la 1re classe du grade de contrôleur adjoint sans la réaliser. Les candidats doivent être bien notés ; ils sont agréés par le Directeur général, sur la proposition des chefs locaux. Nul ne peut se présenter plus de trois fois à cet examen. Après le troisième échec, les contrôleurs adjoints sont rayés des cadres de l'Administration.

Par dérogation aux dispositions qui précèdent, un nombre d'emplois égal au dixième des places de contrôleur adjoint mises au concours peut, chaque année, être attribué à des élèves diplômés de l'École centrale des arts et manufactures remplissant la condition réglementaire d'aptitude au service militaire armé, déterminée au paragraphe 1er du présent article. Si, ultérieurement à leur admission, ils étaient reconnus impropres audit service, ils ne seraient maintenus dans les cadres que s'ils étaient en mesure de produire un certificat d'un médecin délégué et assermenté établissant qu'ils n'ont aucune tare organique et qu'ils sont aptes au service des bureaux. Ces candidats sont incorporés dans les cadres en qualité de contrôleurs de 3e classe ; ils peuvent, lors de leur promotion à la classe supérieure, être nommés vérificateurs adjoints de 2e classe, mais ils ne sont promus vérificateurs qu'après avoir subi avec succès les épreuves de l'examen d'aptitude audit grade.

ARRÊTÉ MINISTÉRIEL DU 2 OCTOBRE 1918 FIXANT LES CONDITIONS DU CONCOURS POUR L'EMPLOI DE CONTROLEUR ADJOINT

ART. PREMIER. — La date du concours pour les emplois de contrôleur adjoint des Douanes est fixée au moins trois mois à l'avance par le Directeur général, qui fait connaître, en même temps, le nombre des candidats à admettre.

Ce nombre est limité à celui des vacances prévues pour une année.

ART. 2. — Les candidats doivent :

1° Être Français et âgés de 18 ans au moins le 1er du mois du concours et de 25 ans au plus le 1er janvier de l'année où s'ouvre le concours.

Toutefois, la limite d'âge supérieure sera prorogée d'un temps égal à celui passé sous les drapeaux, en dehors de la durée légale du service actif, entre le 2 août 1914 et le 24 octobre 1919.

2° Présenter à l'appui de leur demande d'admission (1) adressée au Directeur général :

a) Un extrait de leur acte de naissance (sur timbre) ;

b) La justification qu'ils sont pourvus du diplôme de bachelier ou

______

(1) Établie sur timbre.

du diplôme supérieur soit de l'École des hautes études commerciales de Paris, soit d'une école supérieure de commerce reconnue par l'Éta t(1) ;

c) Un certificat de bonnes vie et mœurs (2) ;

d) Une pièce constatant qu'ils ne sont atteints d'aucune infirmité de nature à les faire réformer du service militaire armé ou un certificat attestant qu'ils ont été reconnus aptes à ce service ou, s'il y a lieu, un état signalétique et des services à l'armée (3).

Toutefois, les candidats reconnus inaptes au service militaire armé, à la suite de blessures de guerre ou d'infirmités résultant d'une campagne de guerre, peuvent être admis à concourir pourvu que leur aptitude au service des bureaux et à l'emploi de vérificateur soit établie par un certificat d'un médecin assermenté, et par une attestation du Directeur des Douanes chargé d'instruire la candidature.

Art. 3. — Le Directeur, saisi de la demande du candidat, recueille ou fait recueillir des renseignements précis sur sa famille, son éducation, sa conduite et sa tenue.

Il transmet, avec son avis motivé, ces divers renseignements à l'Administration.

Les inscriptions sont définitivement arrêtées deux mois avant la date fixée pour le concours.

La liste générale des candidats admis à se présenter est établie par le Directeur général et soumise à l'approbation du Ministre.

Art. 4. — Le concours consiste en épreuves écrites et en épreuves orales.

Art. 5. — Les épreuves écrites comprennent :

1º Une rédaction sur un sujet de droit public ou administratif, sur l'économie politique ou l'histoire économique ;

2º Une question de physique ou de chimie ;

3º Une question de géographie économique et commerciale ;

4º La solution de problèmes d'arithmétique et de géométrie.

Art. 6. — Les épreuves écrites ont lieu dans ceux des chefs-lieux de Direction ci-après qui seront désignés par le Directeur général : Lille, Strasbourg, Lyon, Marseille, Perpignan, Bordeaux, Nantes, Brest, Rouen, Paris, Bastia et Alger (4).

---

(1) Les candidats sont autorisés à produire des copies de leurs diplômes, à la condition qu'elles soient certifiées conformes par le Directeur ou l'Inspecteur des Douanes.

(2) Sur timbre et légalisé.

(3) Le certificat médical, établi sur papier libre, doit être délivré par un médecin assermenté et délégué par l'autorité préfectorale. Lorsque le candidat a satisfait aux obligations militaires ou se trouve encore sous les drapeaux, l'état signalétique et des services à l'armée seul doit être produit.

(4) Texte mis en conformité avec l'arrêté ministériel du 20 décembre 1919, (art. 1er).

Deux jours sont consacrés à ces compositions :

1er Jour :

1re séance, de 8 heures à midi (épreuve n° 1) ;
2e séance, de 2 heures à 4 heures (épreuve n° 2).

2e Jour :

1re séance, de 9 heures à midi (épreuve n° 3) ;
2e séance, de 2 heures à 4 heures (épreuve n° 4).

Art. 7. — Les sujets de composition, choisis par l'Administration, sont placés séparément sous euveloppes cachetées et les plis sont adressés sous une seconde enveloppe à chaque centre d'examen.

Art. 8. — Il est institué, au siège de chaque centre d'examen, une Commission composée du Directeur, *président*, des Inspecteurs principaux ou des Inspecteurs, du Receveur principal et du Chef des bureaux de la Direction.

La présence de 4 membres suffit pour que ce comité puisse procéder à ses opérations.

La surveillance des candidats est exercée au cours des séances, d'une manière permanente, par un nombre de membres suffisant pour l'assurer efficacement.

Au commencement de chaque séance, le Directeur, assisté des membres de la Commission chargés de la surveillance, ouvre les enveloppes cachetées, en présence des candidats, et remet à chacun d'eux les sujets de composition.

Toute communication des candidats entre eux ou avec l'extérieur est formellement interdite.

A la clôture de chaque séance, les candidats remettent leurs compositions aux membres présents de la Commission de surveillance.

Les compositions inachevées ou le défaut de remise d'une composition ne constituent pas une cause d'élimination.

Chaque copie doit porter l'indication du nom et des prénoms, de la résidence des candidats et du centre d'examen.

Les opérations de la Commission font l'objet d'un procès-verbal auquel sont annexées les compositions et qui est transmis à l'Administration sous pli cacheté. .

Art. 9. — Il est interdit aux candidats d'avoir recours à des livres ou notes quelconques.

Toute fraude entraîne immédiatement la mise hors concours définitive du candidat, sans préjudice des pénalités édictées par la loi du 23 décembre 1901.

Art. 10. — Il est attribué à chacune des épreuves une valeur numérique exprimée par des chiffres variant de 0 à 20 et ayant la signification suivante :

```
        0 équivalant à. . . . . . . .   Néant.
    1,  2. . . . . . . . . . . . . .   Très mal.
 3, 4,  5. . . . . . . . . . . . . .   Mal.
 6, 7,  8. . . . . . . . . . . . . .   Médiocrement.
 9, 10, 11. . . . . . . . . . . . . .  Passablement.
12, 13, 14. . . . . . . . . . . . . .  Assez bien.
15, 16, 17. . . . . . . . . . . . . .  Bien.
    18, 19. . . . . . . . . . . . . .  Très bien.
        20. . . . . . . . . . . . . .  Parfaitement.
```

Art. 11. — La valeur relative des épreuves écrites est déterminée par les coefficients ci-après :

```
1º Rédaction sur le droit public ou administratif,
     l'économie politique ou l'histoire économique.   5
2º Physique et chimie. . . . . . . . . .               3
3º Géographie économique et commerciale. . .          2
4º Problèmes . . . . . . . . . . . . . .               2
```

Art. 12. — Une Commission instituée à la Direction générale et composée de membres désignés par le Directeur général procède à la revision des épreuves et au classement des candidats admis à subir les épreuves orales.

Le nombre des admissibles est fixé, au maximum, au double des candidats à admettre définitivement.

Art. 13. — Les épreuves orales sont subies à Paris devant les membres de la Commission prévue à l'article 12.

Elles portent sur les matières indiquées dans le programme arrêté par le Directeur général, et, en outre, sur les langues vivantes (1) (conversation et traduction à livre ouvert).

Il est attribué à ces épreuves une valeur numérique variant de 0 à 20.

La totalisation de tous les points obtenus détermine le classement définitif.

Art. 14. — Le nombre total des points obtenus par les candidats tant à l'écrit qu'à l'oral est majoré d'après les bases suivantes :

```
Candidats pourvus du diplôme de docteur. . . .    1/4
    —    pourvus du diplôme de licencié. . . .    1/6
    —    pourvus du diplôme de bachelier et, en
         outre, du diplôme supérieur de l'École
         des Hautes Etudes commerciales. . .      1/6
    —    comptant au moins 18 mois de services
         militaires le 1er du mois du concours.   1/15
```

Ces diverses majorations ne se cumulent pas (2).

(1) L'épreuve sur les langues vivantes porte sur une seule langue au choix du candidat (anglais, allemand, italien, espagnol, ou arabe).

(2) Toutefois une majoration spéciale s'ajoutant s'il y a lieu aux précédentes et égale à 1/15 des points obtenus est accordée aux contrôleurs

Art. 15. — Les candidats reçus sont nommés contrôleurs adjoints suivant leur rang, au fur et à mesure des vacances.

Art. 16. — Nul ne peut se présenter plus de trois fois au concours.

ARRÊTÉ DU MINISTRE DES FINANCES DU 20 OCTOBRE 1919 FIXANT LES CONDITIONS A REMPLIR PAR LES CANDIDATS ALSACIENS-LORRAINS (*Extrait*).

Article Premier. — Les candidats alsaciens-lorrains peuvent être admis à subir les épreuves du concours de contrôleur adjoint des douanes en justifiant qu'ils ont obtenu le diplôme de fin d'études secondaires des universités allemandes (Abitur — certificat de maturité). Ils peuvent être également autorisés à rédiger leurs compositions en langue allemande.

Ceux qui useront de cette dernière facilité auront à justifier qu'ils s'expriment néanmoins correctement en français. Ils seront soumis, à cet effet, à une épreuve spéciale, consistant en une narration écrite.

Deux heures seront consacrées à cette épreuve, au cours d'une séance supplémentaire qui aura lieu le deuxième jour, de 4 heures à 6 heures.

Il sera attribué à la composition de français une note variant de 0 à 20, qui n'entrera pas en compte pour le classement général des candidats admis à subir les épreuves orales ; mais toute note inférieure à 16 sera éliminatoire.

Les candidats alsaciens-lorrains ayant utilisé la langue allemande pour les épreuves écrites seront, le cas échéant, interrogés à l'examen oral sur la langue française, à l'exclusion de toute autre langue vivante.

Les notes attribuées à chacun d'eux en français, tant pour l'épreuve écrite que pour l'épreuve orale, seront totalisées et divisées par 2 : la moyenne ainsi obtenue entrera en compte pour le classement général des candidats définitivement admis...

. . . .

adjoints auxiliaires justifiant en cette qualité d'une ancienneté d'au moins deux mois à la date du concours. En outre les orphelins de guerre reçoivent une majoration égale au dixième du maximum de points susceptibles d'être attribués. (Arrêté du 6 août 1924).

RÉSUMÉ DES CONDITIONS EXIGÉES ET DES FORMALITÉS A REMPLIR

Des textes reproduits plus haut, il ressort que les candidats doivent satisfaire aux conditions et remplir les formalités ci-après :

a) Conditions : Etre Français et âgés de 18 ans au moins le 1er du mois où s'ouvre le concours et 25 ans au plus le 1er janvier de l'année du concours. La limite d'âge supérieure est prorogée d'un temps égal à celui passé sous les drapeaux en dehors de la durée légale du service actif (3 ans) entre le 2 août 1914 et le 24 octobre 1919.

Situation des candidats au point de vue du service militaire.

CATÉGORIES		PIÈCES A PRODUIRE
1° Appelés sous les drapeaux pendant la guerre.	A. Classés dans le service armé. B. Classés dans les services auxiliaires et reconnus aptes à faire campagne ou aptes aux armées. (Décret du 19 janvier 1920, art. 7.)	Etat signalétique et des services à l'armée.
	C. Reconnus inaptes au service militaire armé par suite de blessures de guerre ou d'infirmités résultant d'une campagne de guerre. (Même décret, art. 75.)	1° Etat signalétique et des services à l'armée ; 2° Certificat médical justifiant que le candidat est apte au service des bureaux ; 3° Attestation du Directeur chargé d'instruire la demande que le candidat est apte physiquement aux fonctions de vérificateur.
2° Ayant été examinés par le Conseil de revision (1).	A. Classés dans le service armé et appelés sous les drapeaux (après la cessation des hostilités).	Etat signalétique et des services à l'armée.
	B. Classés dans le *service armé* et non encore appelés.	Certificat de position militaire.
	C. Classés dans le service auxiliaire, réformés ou ajournés.	Ne sont pas admis à concourir.
3° N'ayant pas été examinés par le Conseil de revision.		Certificat médical attestant que le candidat ne présente aucune tare organique de nature à le faire réformer du service armé.

(1) Aux termes de l'article 7 du décret du 19 janvier 1920, ceux des candidats qui *ont été examinés par le Conseil de revision* doivent justifier qu'ils ont été classés dans le service militaire armé.

Un candidat ajourné par le Conseil de revision ne pourrait dès lors être admis à concourir, même s'il produisait un certificat médical attestant son aptitude au service armé.

2° Être pourvus du baccalauréat complet ou du diplôme supérieur de l'Ecole des Hautes-Etudes commerciales, ou du diplôme supérieur d'une Ecole supérieure de commerce reconnue par l'Etat ;

3° Etre aptes au service militaire armé.

b) Formalités : Adresser au directeur le plus rapproché du domicile les pièces ci-après :

1° Demande sur papier timbré ;

2° Extrait, sur timbre, de l'acte de naissance ;

3° Copies de diplômes à certifier conformes par le Directeur ou l'Inspecteur des Douanes ;

4° Certificat de bonne vie et mœurs (sur papier timbré) ;

5° Pièce justifiant que la condition d'aptitude au service militaire armé est remplie.

Les postulants peuvent, à ce point de vue, être classés en 3 catégories qui sont énumérées dans le tableau ci-dessus, avec indication des justifications à produire, selon le cas.

En règle générale, les postulants doivent satisfaire à la condition d'aptitude au service armé; le tableau qui précède fait apparaître clairement que les dérogations consenties visent exclusivement les jeunes gens qui ont été appelés sous les drapeaux pendant la durée de la guerre. La première tend à éviter qu'une mesure d'exclusion soit opposée à d'anciens militaires qui, bien que classés dans les services auxiliaires, ont néanmoins été *appelés aux armées* et, parfois même, blessés ou décorés. Le plus souvent, l'état signalétique et des services indique si l'auxiliaire a été reconnu apte à faire campagne. Dans le cas où ce document ne contient aucune précision, l'intéressé peut être admis à produire toutes justifications utiles, à condition que celles-ci émanent de l'autorité militaire et attestent que l'aptitude à faire campagne a été constatée *pendant* la guerre. Un certificat délivré par un médecin assermenté n'aurait, à cet égard, aucune valeur.

La seconde dérogation intéresse les candidats classés dans les services auxiliaires ou réformés, dont l'inaptitude au service militaire armé *provient de blessures ou d'infirmités* résultant d'une campagne de guerre (à l'exclusion des candidats blessés en service commandé en dehors de la zone des armées).

Les jeunes gens qui, ne rentrant pas dans la première catégorie, ont cependant été examinés par le Conseil de revision, ne peuvent être admis à concourir qu'à la condition d'avoir été classés dans le service armé. En conséquence, doivent être écartés ceux qui ont été réformés ou versés dans les services auxiliaires. Quant aux ajournés, l'examen de leur candidature ne peut qu'être différé jusqu'à ce qu'il ait été statué définitivement sur leur situation militaire.

Enfin, pour les jeunes gens non encore examinés par le Conseil de revision, la justification à produire consiste simplement en un certificat médical, lequel doit énoncer *explicitement* que le candidat ne présente aucune tare organique de nature à le faire réformer du service militaire armé.

Les Directeurs annexent au dossier de chaque candidat un extrait n° 2 du casier judiciaire et fournissent des renseignements sur la famille, l'éducation et la conduite du postulant.

Les dossiers des candidats résidant aux colonies sont transmis par l'intermédiaire des Gouverneurs appelés à émettre leur avis.

MODÈLE DE CERTIFICAT MÉDICAL A PRODUIRE PAR LES CANDIDATS NON ENCORE RECENSÉS PAR LE CONSEIL DE REVISION

Je soussigné, X..., docteur en médecine à ..., médecin délégué et assermenté de l'autorité préfectorale, certifie avoir examiné ce jour, M... (noms et prénoms) ..... et certifie que ce jeune homme n'est atteint d'aucune infirmité de nature à le faire réformer du service militaire *armé.*

En fait de quoi j'ai délivré le présent.

Légalisation de signature par le Maire et le Préfet ou Sous-Préfet.

ARRÊTÉ DU MINISTRE DES FINANCES DU 1er AOUT 1922 INSTITUANT UN CONCOURS SPÉCIAL POUR LES CANDIDATS RÉSIDANT AUX COLONIES

ART. PREMIER. — Il peut être ouvert chaque année, pour l'emploi de contrôleur adjoint des douanes, un concours spécial réservé aux candidats résidant aux colonies et remplissant toutes les conditions imposées aux candidats de la métropole par les règlements en vigueur.

ART. 2. — Ce concours a lieu selon les règles déterminées pour les concours ouverts dans la métropole sous réserve des dispositions spéciales ci-après :

La date des épreuves est annoncée au moins 10 mois à l'avance par le Directeur général des Douanes qui fixe en même temps le nombre des candidats à admettre, en tenant compte à la fois des vacances prévues dans les effectifs du personnel métropolitain affecté aux colonies et du nombre des places offertes aux candidats de la métropole.

Pour être susceptibles d'être retenues, les demandes d'inscription, accompagnées de toutes les justifications exigibles, doivent parvenir à la Direction générale des Douanes, au moins quatre mois avant la date fixée pour le concours.

Les épreuves écrites sont subies aux centres coloniaux fixés par le Directeur général, après entente avec le Département des colonies. Il ne peut y avoir de centre d'examen que dans les possessions où l'effectif du personnel métropolitain comporte un chef de service du grade d'Inspecteur, Inspecteur principal, Sous-Directeur ou Directeur (1).

Les candidats autorisés à se présenter sont convoqués par le Chef de service des Douanes qui, d'après les circonstances climatologiques, fixe les heures d'ouverture des séances, sans toutefois pouvoir modifier ni l'ordre, ni la durée, ni la date des épreuves.

La Commission de surveillance est composée du Chef de service des Douanes, Président, et des trois agents des douanes du cadre métropolitain les plus élevés en grade et présents à la résidence à la date du concours.

Si, pour un motif grave, dont il sera rendu compte au procès-verbal, le Chef de service est empêché de présider la Commission de surveillance, il est remplacé par le plus élevé en grade de ses collaborateurs. Dans ce cas, un membre supplémentaire est adjoint à la Commission.

A la clôture de chaque séance, les candidats remettent leurs compositions au Président de la Commission qui les place sous une enveloppe, laquelle est immédiatement fermée en présence des candidats et revêtue de la signature de tous les membres de la Commission. A la fin de la dernière séance, les enveloppes renfermant les compositions sont placées sans délai sous une nouvelle enveloppe qui est cachetée à la cire et revêtue des indications ci-après :

« Concours pour l'emploi de Contrôleur adjoint des Douanes.

« Date.

« Centre d'examen.

« Pli renfermant les compositions des candidats et ne devant être ouvert qu'à la Direction générale des Douanes.

Cette enveloppe est adressée au Ministre des Colonies. Il est également envoyé par le même courrier, sous pli spécial, un procès-verbal relatant les opérations de la Commission et mentionnant, s'il y a lieu, les incidents qui se seraient produits au cours des épreuves.

Les épreuves orales sont subies à Paris.

Les candidats reçus sont nommés contrôleurs adjoints en France ou en Algérie, au fur et à mesure des vacances.

Art. 3. — Les contrôleurs adjoints entrés dans les cadres à la

----

(1) Le premier concours de l'espèce a eu lieu les 18 et 19 octobre 1923, à la résidence des Chefs de service des Douanes des colonies ci-après :

Sénégal, Guinée, Côte d'Ivoire, Dahomey, Madagascar, Réunion, Martinique, Guadeloupe, Guyane et Nouvelle-Calédonie.

Le nombre des places mises au concours a été de 20.

suite du concours spécial visé ci-dessus ne peuvent être nommés dans les colonies ou Pays de protectorat avant d'avoir été confirmés dans leur grade en subissant, avec succès, les épreuves de l'examen professionnel prévu par les règlements.

PROGRAMME DES MATIÈRES DU CONCOURS (1)

NOTIONS GÉNÉRALES DE DROIT : DROIT PUBLIC ET ADMINISTRATIF. — ORGANISATION POLITIQUE, ADMINISTRATIVE ET JUDICIAIRE DE LA FRANCE.

Notions générales sur les attributions des autorités et des conseils administratifs.

1º *L'Etat ; la constitution ; le Gouvernement :*

a) Le pouvoir législatif : organisation et attributions des Chambres ; l'Assemblée nationale ;

b) Le pouvoir exécutif : le président de la République, les ministres ; le Conseil d'Etat ;

c) Séparation des pouvoirs ; conflits.

2º *Les unités administratives secondaires :*

a) Le département : le préfet ; le conseil général ; — l'arrondissement ; le canton ;

b) La commune : le maire ; le conseil municipal.

3º *Les grands services publics.*

4º *Les tribunaux :*

a) Tribunaux judiciaires : juridictions civiles, pénales et commerciales ;

b) Tribunaux administratifs.

DROIT COMMERCIAL

1º *De la vente commerciale.* — Définition. — Notions sur les diverses espèces de ventes et en particulier sur les ventes par navire désigné ou à désigner et les ventes de marchandises sujettes à des droits de douanes ou d'octroi. — Vente de marchandises déposées dans les entrepôts.

2º *Du gage commercial.* — Définition.

Magasins généraux. — Création. — Droits et obligations des propriétaires des magasins généraux. — Warrants et récépissés.

3º *Du contrat de transport.* — Définition.

---

(1) L'importance de chaque épreuve est déterminée par le coefficient qui lui est attribué. Le développement donné à certaines parties du programme n'a d'autre but que d'en faciliter l'étude.

Transport par terre et par chemin de fer. — Lettres de voiture. — Récépissés. — Obligations du voiturier, de l'expéditeur et du destinataire.

Notions sur la Convention de Berne sur le transport international des marchandises par chemin de fer.

4° *Chèques et traites. — Billets à ordre.* — Définition, condition de validité.

DROIT MARITIME

Des navires. — Propriétaires. — Armateurs. — Capitaines (leurs droits et leurs devoirs). — Livres de bord.

Affrètement des navires. — Charte-partie. — Connaissements. — Manifestes.

Ventes des navires. — Nationalité des navires.

Mutation en douane.

LÉGISLATION INDUSTRIELLE

Notions générales sur la propriété industrielle. — Brevets d'invention. — Marques de fabrique ou de commerce. — Nom commercial.

Convention d'Union pour la protection de la propriété industrielle. — Produit portant illicitement une marque de fabrique ou de commerce, un nom commercial. — Saisie à l'importation. — Fausse indication de provenance.

Arrangement de Madrid sur la répression des fausses indications sur les marchandises. — Prohibition à l'importation. — Saisie à l'importation.

ÉCONOMIE POLITIQUE

NOTIONS GÉNÉRALES.

Objet et but de l'économie politique. — Ses rapports avec les autres sciences. — Divisions de l'économie politique : production, circulation, répartition et consommation.

1° *La production.*

a) Les facteurs de la production. — La nature ; le milieu ; le terrain ; la matière première ; les forces motrices.

Le travail et l'industrie ; les machines.

Le capital ; différentes conceptions. — Diverses sortes de capitaux.

b) Les modes de la production. — L'organisation de la production ; historique ; libre concurrence ; crises.

L'association : de personnes ; de capitaux. — Crises, trusts, cartels.

La division du travail ; avantages et inconvénients.

2° *Distribution de la richesse.*

La propriété. — Rentes, profits et salaires. — Résultats de la répartition de la richesse.

3° *Circulation de la richesse.*

L'échange. — La loi de l'offre et de la demande. — La valeur et les prix. — La monnaie : sa nature et son rôle ; système monétaire. — La monnaie de papier. — Le crédit. — Les banques.

Le commerce : généralités sur le commerce intérieur et extérieur ; son rôle et son utilité. — Importation ; exportation ; transit. — Tarifs douaniers. — Le change. — Balance du commerce. — Intervention de l'Etat dans le commerce intérieur et extérieur. — Libreéchange ; protection, prohibition. — Les primes. — Régime des traités de commerce.

4° *La consommation de la richesse.*

L'épargne ; ses sources. — La prévoyance. — Institutions ayant pour objet d'encourager certains emplois de la richesse : associations coopératives ; caisses d'épargne ; assurances ; assistance publique.

LES FINANCES PUBLIQUES

Le budget : confection, exécution et contrôle. — Dettes et biens de l'Etat. — Le crédit public. — Les dépenses publiques.

Les impôts : notions générales ; impôts directs et indirects. — Droits de douane : leur caractère, leur objet, leur but. — Monopoles de l'Etat. — Les octrois.

HISTOIRE ÉCONOMIQUE

Réformes accomplies par la Révolution dans le domaine économique : abolition de l'ancien régime corporatif.

L'évolution industrielle au XIXe siècle ; transformations dues à la science et à l'industrie.

Le commerce français sous la Restauration et la Monarchie de Juillet ; l'échelle mobile ; le système protectionniste.

Le second Empire : développement de l'agriculture, du commerce et de l'industrie. — Système du libre-échange. — Extension des relations commerciales. — Les voies de communication ; la marine marchande. — Les expositions universelles.

La troisième République : conséquences économiques de la guerre de 1870. — Tarifs et traités de commerce. — La colonisation. — Développement des moyens de transport.

Les tendances économiques actuelles.

PHYSIQUE

(Notions élémentaires concernant plus spécialement les applications des phénomènes et des lois générales de la physique.)

Pesanteur. — Poids des corps : définition et mesure. — Balance ordinaire à fléau : description, conditions de justesse, définition de la sensibilité. — Description sommaire des balances de précision, de la balance de Roberwal, de la bascule de Quintenz. — Balance romaine ; son application à la balance-bascule.

Pendule ; lois expérimentales. — Mouvement pendulaire ; application aux horloges et aux chronomètres.

Hydrostatique. — Notions de pression ; pression uniforme et unité de pression. — Mesures des pressions exercées par les fluides ; manomètres usuels. — Énoncé du principe de Pascal ; presse hydraulique et ses principales applications.

Principe d'Archimède ; cas des liquides et des gaz ; application à la détermination du volume d'un corps solide. — Conditions d'équilibre des corps immergés et des corps flottants ; aérostats.

Poids spécifique (densité) ; détermination des densités des solides et des liquides ; aéromètres, alcoomètre centésimal, densimètres.

Pression atmosphérique ; baromètres métalliques.

Pompes à liquides. — Siphon.

Énoncé de la loi de Mariotte. — Applications de l'expansibilité et de la compressibilité des gaz : Appareils servant à raréfier les gaz ; machines pneumatiques ; trompes aspirantes : principe des freins à vide. — Appareils servant à comprimer les gaz : pompes de compression et compresseurs industriels ; trompes soufflantes. — Réservoirs et tubes de gaz comprimés ; leurs régulateurs de pression. — Moteurs à air comprimé ; principe des freins à air comprimé.

Chaleur. — Notions de température ; échelles de température. — Thermomètres à liquides ; thermomètres enregistreurs.

Notions expérimentales sur la dilatation des solides. — Métal invar.

Dilatation des liquides : définition du coefficient de dilatation d'un liquide ; variations de la densité d'un liquide avec la température ; maximum de densité de l'eau.

Fusion et solidification ; point de fusion ; surfusion ; dissolution ; cristallisation ; mélanges réfrigérants.

Notions élémentaires sur la vaporisation des liquides. — Liquéfaction des vapeurs ; applications au chauffage et à la distillation. — Liquéfaction des gaz ; applications industrielles des gaz liquéfiés.

Principe de la machine à vapeur ; description des principaux organes d'une machine à vapeur : générateurs et condenseur, moteur, organes de transformation du mouvement.

Principe du moteur à explosion ; description sommaire des principaux moteurs à explosion usuels.

Optique. — Réflexion de la lumière : miroirs plans ; loi de la réflexion. — Étude expérimentale des miroirs sphériques concaves.

Réfraction de la lumière : lois de la réfraction simple ; réflexion
totale ; étude géométrique et expérimentale des lentilles minces convergentes et divergentes (l'existence des images et les propriétés des
plans locaux seront considérées comme données par l'expérience). —
Lentilles à échelons.

Instruments d'optique : loupe ; principes du microscope, de la
lunette astronomique, de la lunette terrestre, de la lunette à prismes,
de la lunette de Galilée, des jumelles. — Principaux types d'objectifs
photographiques.

Dispersion de la lumière. — Aberration chromatique dans les lentilles. — Définition d'une lentille achromatique ; moyen pratique de
la réaliser (sans calcul).

Photographie : principe des appareils ; appareils d'agrandissements.
— Lanterne de projection ; cinématographes.

Électricité statique. — Étude expérimentale des décharges électriques : effets calorifiques, mécaniques, chimiques de l'étincelle électrique. — Décharge électrique dans les gaz raréfiés ; tubes de Crookes ;
rayons cathodiques ; rayons X ; radioscopie ; radiographie.

Électricité dynamique. — Piles hydro-électriques usuelles. — Ac-
cumulateurs électriques. — Définition de la force électro-motrice d'un
élément de pile. — Énoncé des lois d'Ohm. — Notion de la résistance électrique ; unité légale de résistance. — Boîtes de résistance ;
rhéostats industriels. — Dépôts électrolytiques : galvanoplastie, affi-
nage électrolytique du cuivre.

Aimants. — Définition expérimentale du champ magnétique ;
champ magnétique d'un aimant ; champ magnétique d'un courant ;
règle d'Ampère. — Aimantation par les champs magnétiques. —
Électro-aimants. — Action d'un courant fixe sur un aimant mobile et
d'un champ magnétique sur un courant mobile ; applications aux gal-
vanomètres usuels. — Ampéremètres et voltmètres industriels.

Induction : expériences fondamentales. — Production industrielle
des courants d'induction. — Principe des alternateurs industriels. —
Définition de la période et de la fréquence d'un courant alternatif.
— Définition expérimentale du voltage efficace et de la puissance
moyenne d'un courant alternatif. — Principaux types de transfor
mateurs industriels ; bobine d'induction. — Machine de Gramme ; son
emploi comme générateur. — Moteurs électromagnétiques : machine

de Gramme employée comme moteur. — Principes des moteurs à courant alternatif monophasé.

Principe du transport de l'énergie électrique ; application à la traction électrique.

Télégraphie. — Téléphonie. — Principe de la télégraphie sans fil.

Énoncé des lois de Joule. — Éclairage électrique. — Chauffage électrique. — Fours électriques.

CHIMIE

(Notions élémentaires sur la constitution, les procédés d'extraction ou de fabrication industrielle, les propriétés principales et les emplois des produits énumérés ci-après.)

MÉTALLOÏDES.

Hydrogène. — Chlore ; chlorures décolorants. — Acide chlorhydrique.

Brome. — Iode. — Acide fluorhydrique.

Oxygène. — Ozone. — Eau pure ; eaux naturelles. — Eau oxygénée.

Soufre. — Anhydride sulfureux. — Anhydride sulfurique. — Acide sulfurique ordinaire. — Acide sulfurique fumant (oléum).

Azote. — Air. — Ammoniaque, — Acide nitrique ; eau régale.

Phosphore. — Chlorures de phosphore. — Anhydride phosphorique. — Acide phosphorique ordinaire.

Anhydride arsénieux. — Sulfures d'arsenic.

Antimoine ; principaux alliages d'antimoine. — Sulfures d'antimoine.

Acide borique.

Carbone. — Principales variétés de carbone. — Charbons employés comme combustibles et pour l'électricité. — Oxyde de carbone. — Anhydride carbonique. — Oxychlorure de carbone. — Sulfure de carbone.

Anhydride et acide siliciques. — Principales variétés de silice. — Principaux verres.

MÉTAUX.

Propriétés pratiques des métaux et des alliages.

Généralités sur les oxydes et les hydrates métalliques, sur les sels neutres, acides et basiques, sur les sels doubles.

Potasse caustique. — Chlorure de potassium. — Sels de potasse natifs. — Chlorate de potasse. — Nitrate de potasse. — Sulfates de potasse. — Carbonate neutre et bicarbonate de potasse.

Sodium. — Soude caustique. — Bioxyde de sodium. - Chlorure de sodium. — Nitrate de soude. — Sulfate neutre et bisulfate de soude. — Hyposulfite et sulfites de soude. — Carbonate neutre et bicarbonate de soude. — Borax. Silicate de soude.

Sels ammoniacaux : chlorhydrate, nitrate, sulfate, carbonate d'ammoniaque.

Baryte. — Bioxyde de baryum. — Sulfate de baryte. — Sulfure de baryum.

Calcium. — Chaux. Chaux ordinaires ; chaux hydrauliques ; ciments ; mortiers. — Carbure de calcium. — Cyanamide calcique. — Chlorure de calcium. — Chlorure de chaux. — Nitrate de chaux. — Sulfate de chaux ; plâtre ; stuc. — Carbonate de chaux ; variétés naturelles de carbonate de chaux. — Phosphates naturels et artificiels de chaux ; superphosphates.

Magnésium. — Magnésie. — Chlorure de magnésium. — Sulfate de magnésie. — Carbonate de magnésie.

Zinc. — Oxyde de zinc. — Sulfure de zinc ; blanc lithopone. — Sulfate de zinc. — Carbonate de zinc.

Aluminium. — Alliages d'aluminium. — Alumines anhydre et hydratée ; variétés naturelles d'alumine. — Sulfate d'alumine. — Aluns.. — Argiles ; kaolin. — Notions sommaires sur les poteries usuelles (porcelaine, faïences, grès cérames, terres cuites).

Fer. — Fontes. — Aciers. — Fer doux. — Alliages spéciaux : ferromanganèse ; ferro-silicium ; ferro-chrome ; ferro-tungstène. — Aciers spéciaux : aciers au nickel, aciers au chrome, aciers au tungstène. — Oxydes de fer. — Sulfures de fer. — Sulfates de fer.

Oxydes de manganèse. — Permanganate de potasse.

Sesquioxyde de chrome. — Acide chromique. — Chromate et bichromate de potasse. — Chromate de zinc. — Chromate de plomb.

Nickel : ses principales propriétés et applications. — Alliages de nickel. — Sulfate de nickel.

Oxydes de cobalt. — Nitrate de cobalt. — Smalt.

Étain. — Alliages d'étain. — Oxydes d'étain. — Chlorures d'étain.

Cuivre. — Alliages de cuivre. — Oxydes de cuivre. — Sulfate de cuivre.

Plomb. — Alliages de plomb. — Oxydes de plomb. — Céruse.

Mercure. — Chlorures de mercure. — Sulfure de mercure.

Argent et alliages. — Chlorure, bromure et iodure d'argent. — Nitrate d'argent.

Or et platine ; leurs alliages ; leurs chlorures.

COMPOSÉS ORGANIQUES.

Généralités sur les carbures d'hydrogène.

Méthane. — Éthylène. — Acétylène.

Pétroles ; produits usuels extraits des pétroles.

Chlorure de méthyle. — Chloroforme. — Iodoforme. — Tétrachlorure de carbone.

Alcool méthylique ; distillation du bois. — Alcool éthylique ; fermentation alcoolique.

Aldéhyde formique. — Aldéhyde acétique.

Acétone.

Acide acétique ; vinaigre.

Corps gras. — Glycérine. — Bougies. — Savons.

Éther ordinaire (oxyde d'éthyle).

Acide oxalique. — Acide lactique ordinaire. — Acide tartrique ordinaire.

Saccharose. — Sucre interverti. — Glucose. — Amidon. — Dextrines. — Cellulose ; nitrocellulose.

Cyanogène. — Cyanure de potassium. — Principaux ferro et ferricyanures.

Carbures benzéniques : benzène, toluène, xylène. — Naphtaline. — Anthracène.

Phénol ordinaire. — Acide picrique.

Nitrobenzène. — Aniline.

Gaz d'éclairage et autres produits usuels provenant de la distillation de la houille.

GÉOGRAPHIE

GÉNÉRALITÉS.

Répartition des terres et des mers. — Mers, golfes, détroits, îles, presqu'îles, isthmes, caps, côtes.

L'air. — Pressions et vents ; températures. — Les pluies. — Les climats. — Les mers : étendue ; profondeur ; courants. — Les ressources maritimes.

Les terres. — Notions sommaires sur la formation de l'écorce terrestre. — Principales sortes de terrains ; leurs richesses. — Montagnes, plateaux, plaines. — Volcans, tremblements de terre.

Les eaux — Glaciers, sources, eaux courantes, torrents, lacs. — Les côtes.

Les zones de végétation. — Arctique, tempérée, tropicale. — Les déserts. — Les formations végétales : forêt équatoriale et tempérée, brousse, savanes, steppes, toundras.

Les animaux. — Leur répartition.

L'homme. — Densité de population, races, religions. — Influence de la nature sur l'homme et de l'homme sur la nature. — Peuples nomades et sédentaires, chasseurs, pasteurs, agriculteurs, commerçants et industriels. — Emigration et colonisation.

GÉOGRAPHIE ÉCONOMIQUE.

Les minéraux. — Minéraux précieux, métaux, etc... — Combustibles.

Les végétaux et animaux. — *Produits alimentaires* (céréales, plantes à fécule et à sucre ; boissons ; fruits des pays tempérés et fruits tropicaux. — La nourriture animale : chasse, pêche, élevage. — Conservation et transport des produits alimentaires).

Produits textiles. — Coton, lin, chanvre, jute, ramie. — Laines. — Soie. — Caoutchouc.

Les moyens de transport. — Les routes, portage, roulage. — L'automobilisme. — Les chemins de fer. — Navigation intérieure et navigation maritime ; ports fluviaux et maritimes ; les grandes routes du commerce international. — Isthmes, tunnels. — Les câbles télégraphiques. — La T. S. F.

L'Europe.

Sans entrer dans le détail des remaniements territoriaux dus à la dernière guerre, les candidats doivent savoir les principaux résultats des traités. S'il est encore difficile de posséder les statistiques des Etats neufs ou remaniés par ces traités, les candidats doivent cependant, grâce à leur connaissance de la valeur économique des Etats avant la guerre, pouvoir exposer les richesses des diverses régions, qu'elles soient passées de l'un à l'autre ou demeurées au même.

Pour chaque État, qu'il s'agisse de l'Europe ou d'autres continents, les candidats doivent donc, autant que la situation le permet, en connaître : l'*étendue* et la *population,* la *relief* et la *nature du sol,* les *cours d'eau,* les *côtes,* le *climat,* les *ressources minérales, végétales* et *animales ;* les *cultures,* les *industries,* les *voies de communication,* les *ports,* les *villes principales,* les *grandes régions* agricoles ou industrielles, le *commerce* et plus particulièrement les rapports de ce pays avec la France ; leurs *colonies* enfin. Ils noteront surtout les *caractères distinctifs* de ce pays et dans ses produits et dans ses échanges au lieu de se contenter d'une sèche énumération de produits quelconques. Ils s'attacheront davantage aux puissances que leur importance propre, ou les liens qui unissent déjà ou vont les unir à nous, nous rendent plus intéressantes. Ils s'efforceront de saisir ce qui, dans la prospérité de ces peuples, est dû à la nature seule, et ce qu'a produit l'industrie humaine, et de connaître les crises économiques les plus notables (celle du café au Brésil, par exemple). Pour les peuples à transformations promptes, comme les grands fournisseurs d'aliments ou de matières premières, ils tâcheront de se tenir particulièrement au courant des progrès réalisés.

Ces notions générales s'appliquant à tous les pays, on estime inutile de les répéter pour chaque Etat de l'Europe sur laquelle les candidats ont généralement des connaissances plus exactes. Il est sans doute utile de préciser plus pour les autres continents.

L'Asie.

Notions générales sur l'étendue et le relief des terres, la longueur et la valeur des cours d'eau, les climats, toujours en comparant avec l'Europe. — Distinction des zones riches et des zones pauvres ou désertes. — Les races et les langues, densité relative de la population selon les régions.

Asie turque et Arabie. — Iran. — Turkestan. — L'Inde et ses annexes. — Indo-Chine. — Chine. — Japon. — Sibérie.

La colonisation européenne, russe, anglaise, française, le Japon en Chine. — Les Etats-Unis et l'Asie.

Le commerce asiatique avec l'Europe et l'Amérique, immigration blanche et émigration jaune. — Les chemins de fer, les grands ports. — L'industrie asiatique.

Les archipels asiatiques : Indes néerlandaises, et Philippines. — Iles principales ; leurs productions ; valeur du sol et du climat. — Leur importance propre et leur rôle d'escale. — Races et langues. — Peuplement.

L'Afrique.

Notions générales sur le relief ; plateaux, massifs, chaînes. — Les climats : influence maritime et continentale, alizés et moussons. — Déserts. — Grands lacs et grands fleuves.

L'Afrique méditerranéenne. — Les régions tropicales et équatoriales. — L'Afrique australe.

L'invasion européenne: peuplement et exploitation. — Insuffisance de notions sur le sous-sol ; ressources minérales déjà connues : phosphates et fer de Maghreb, houille, or et diamants du Sud, étain de Nigeria, cuivre du Katanga. — Ivoire, caoutchouc, cacao, produits oléagineux ; bois. — Le coton : Egypte ; essais nouveaux de culture. — L'élevage. — Les grandes lignes de chemin de fer ; les ports. — Les obstacles à la colonisation : manque de main-d'œuvre et barbarie ; maladies, esclavage ; climat (chaleur, humidité, sécheresse). — Extension de l'islamisme. — Races indigènes et européennes.

Les États non européens : Abyssinie (relief, productions ; population ; compétitions européennes). — *Libéria* (essai de domination américaine en Afrique).

Les candidats devront pouvoir étudier à volonté des colonies d'un seul peuple, ou d'une même région.

L'Amérique.

Notions générales sur la superficie, le relief (chaînes, plateaux et plaines). Le climat. Influence océanique et continentale, polaire et tropicale). — Les cours d'eau, les lacs, les côtes. — Productions minérales, végétales, animales. — Consommation locale et exportation. — Région d'exploitation intense. — Les populations : races indigènes et européennes ; adaptation de celles-ci à l'Amérique. — Densité de population. — Immigration. — Les grands courants commerciaux de terre et de mer ; les grands ports.

Le Canada : principales régions, productions. — Races et langues.

Les États-Unis. — Grandes zones ; côte pacifique. — Montagnes Rocheuses, plaine du Mississipi. — Alleghanys. — Lacs. — Côtes de l'Atlantique et du Golfe du Mexique. — Les mines. — Les céréales, élevage, le coton. — Régions industrielles. — Les grands ports. — Les voies ferrées. — Commerce. — Peuplement. — Immigration. — Colonies des Etats-Unis dans l'Océan Pacifique ; leur invasion dans les Antilles et l'Amérique centrale ; leur commerce en Extrême-Orient.

Le Mexique et l'Amérique centrale. — Métaux et pétrole. — Terres chaudes et terres froides. — Les terres tropicales. — Les isthmes. — Panama.

Amérique du Sud. — *Vénézuéla* et *Guyanes.* — *Colombie.* — *Équateur* et *Pérou, Bolivie.* — *Chili.* — Les Etats platéens. — *Le Brésil.* — Saisir, en chacun de ces Etats, les caractères principaux du relief et du climat, l'état actuel du peuplement et de l'exploitation économique : cultures, mines, élevage, chèmins de fer et navigation. — Aliments et matières premières que l'Europe et les Etats-Unis tirent de l'Amérique du Sud. — Leur concurrence. — Le peuplement.

L'Océanie.

L'Australie.

Etendue, relief, climat, étude des productions en rapport avec ces notions générales. — La vie économique intérieure du Commonwealth et ses rapports avec l'Europe et l'Extrême-Orient ; l'Australie et le marché français.

Même étude pour la *Nouvelle-Zélande.*

Les *archipels pacifiques* principaux : Hawaï, Samoa, Tahiti, Nouvelle-Calédonie. — La navigation transpacifique. — Panama. — (Compétition de l'Angleterre, du Japon et des Etats-Unis.)

La France.

Notions générales. — Superficie, limites, relief général. — Climat : influences océanique, continentale et méditerranéenne. — Les fleuves ; longueur, régime. — Mers et côtes. — Population : immigration et natalité.

Les grandes régions. — Le Massif central. — La région pyrénéenne. — Le bassin aquitain. — Les Alpes. — Le Jura. — Vallée de la Saône et du Rhône. — Le Midi méditerranéen. — Région du Nord-Est. — Région du Nord. — Le bassin parisien. — La Bretagne.

Organisation politique et administrative. Organisation militaire ; les frontières.

L'agriculture : valeur du sol français. — Blé, vigne, pomme de terre, cultures maraîchères. — Fruits. — Betterave, tabac, plantes textiles. — L'élevage : races, produits dérivés de l'élevage. — Les forêts. — La pêche.

L'industrie. — Conditions générales : matières premières, main-d'œuvre, transports. — Charbon et houille blanche. — Le fer, l'aluminium. — La potasse, le sel. — Carrières. — Sources thermales et minérales. — Industries textiles : laine, soie, coton, lin, chanvre, jute, ramie. — Industries alimentaires ; meuneries, sucre, brasseries, distilleries. — Industries chimiques et électro-chimiques ; papeterie, tannerie, céramique et verrerie, horlogerie, etc. — Les grandes régions industrielles de France.

Le commerce intérieur. — Les routes. — Les chemins de fer : les 6 réseaux ; centralisation et décentralisation ; le trafic. — Voies navigables : rivières, rivières canalisées, canaux, lacunes de notre réseau.

Commerce extérieur par terre et par mer. — Flotte de commerce ; compagnies de navigation. — Ports maritimes. — Importation et exportation ; produits alimentaires ; matières premières ; objets fabriqués. — Clients et fournisseurs de la France.

N. B. — *Les candidats, tout en étudiant la France en elle-même, devront toujours pouvoir la comparer aux États étrangers.*

Les Colonies françaises.

Notions générales sur chaque colonie : son étendue, sa population, ses ressources principales et ses lacunes, ses rapports avec la France.

L'Algérie. — Relief, climat, mines et carrières. — Blé, vignes, primeurs, fruits, alfa. — L'élevage. — Voies ferrées et ports. — Races indigènes et colons. — Commerce algérien.

Tunisie, Maroc, mêmes études. — La liaison des trois parties du Maghreb. — Le Sahara.

Afrique occidentale française. — Relief, climat, les moussons. — Région sud désertique, tropicale, équatoriale, brousse et forêt. — Les cours d'eau. — Populations diverses. — Productions : gommes, arachides, caoutchouc, huiles, bois, élevage. — Le coton et le riz dans l'avenir. — Chemins de fer et ports.

Afrique équatoriale française. — Relief, climat. — Importance du Congo et de ses affluents. — Les voies ferrées du Nord et les projets de voies du Sud. — Produits minéraux et végétaux : bois, huile, cacao, ivoire, caoutchouc, etc. — Rapport de la vallée du Congo avec les régions du Tchad et du Nil.

Madagascar. — Relief. — Climat : alizés et moussons. — Zones humide et sèche ; forêts, savane, brousse. — Productions : or, graphite, riz, tapioca, bois, caoutchouc, vanille, café. — Hovas et Sakalaves. — Chemins de fer, routes et ports.

La Réunion. — Relief, climat, population. — Sucre et vanille.

Les Comores. — *Saint-Paul et Amsterdam. Kerguëlen.*

Côte française des Somalis. — Le port. — Le chemin de fer d'Abyssinie. — Cheik-Saïd.

L'Inde française.

L'Indo-Chine française. — Étendue ; relief. — Les moussons. — Le Mékong : biefs et rapides ; le Tonlé Sap. — Le Song-Coï. — Les côtes, les ports. — La jungle et les plaines à riz. — Annamites, Cambodgiens, Chinois. — La colonisation française. — Divisions administratives : Cochinchine, Cambodge, Annam, Tonkin, Laos, Kouangtcheou. — Productions : houille, étain, etc. — Le riz. —. Poivre, caoutchouc, textiles, bois, produits oléagineux. — Pêche. — Industries indigènes et européennes. — Les voies ferrées ; la pénétration en Chine, la concurrence siamoise. — Le commerce indo-chinois avec la France, avec l'Asie, avec l'Europe.

Colonies du Pacifique. — Leur situation insulaire ; les routes commerciales qui les desservent. Influence de l'ouverture du canal de Panama ; Clipperton.

La Nouvelle-Calédonie. — Relief, climat. — Le peuplement. — Productions : nickel, chrome, cobalt, etc. — Café. — Élevage. — Iles Loyauté. — Nouvelles-Hébrides, Wallis.

Archipel du Pacifique central : Tahiti, Marquises, Toubouaï, Touamotou. — Coprah, vanille, café, nacre.

Colonies d'Amérique.

Saint-Pierre-et-Miquelon. — Climat. — La pêche de la morue.

Les Antilles : la Guadeloupe, la Martinique, etc. — Relief, volcans. — Climat. — La forêt. — Cultures vivrières et grandes cultures : canne à sucre, café, cacao. — La population : densité et races. — Commerce avec la métropole.

La Guyane. — Climat. — Côtes. — La végétation tropicale : bois, caoutchouc. — L'or, le manioc, la population.

ARITHMÉTIQUE

Principes de la numération parlée et de la numération écrite à base 10 et à base quelconque.

Addition et soustraction des nombres entiers : définitions.

Multiplication : définition.

Nombre des chiffres d'un produit de deux facteurs.

Table de Pythagore jusqu'à 15.

Multiplication rapide d'un nombre par 5, 15, 25, 75, 125 ; par 11, 19, 21..... 99, 101.

Multiplication rapide d'un nombre de deux chiffres par un autre nombre de deux chiffres sans écrire les produits partiels. Justification du procédé employé. — Cas particuliers : 1º les deux nombres sont compris entre deux dizaines consécutives et également distants de ces deux dizaines. — Exemple : 83×87 ; 2º carré d'un nombre terminé par 5.

Multiplication de la somme de deux nombres par leur différence, soit : $(a + b) (a - b) = a^2 - b^2$.

Application : 1º au produit de deux nombres également distants d'une même dizaine ; 2º au carré d'un nombre terminé par 5.

Puissance d'un nombre. — Produits de plusieurs puissances d'un nombre.

Division : définition du quotient de deux nombres à une unité près. — Le reste. Détermination *a priori* du nombre des chiffres du quotient. — Division rapide d'un nombre par 5, 25, 75, 125. — Quotient à une unité près d'un nombre par un produit de facteurs.

Divisibilité. — Trouver, sans faire l'opération, le reste de la division d'un nombre par 2, 5, 4, 25, 8, 125, 3, 9 et 11. — Caractère de divisibilité d'un nombre par chacun des nombres ci-dessus. — Preuve par 9 et par 11 de la multiplication et de la division.

Plus grand commun diviseur de deux nombres par la méthode des divisions successives. — P. G. C. D. de plusieurs nombres. — Justification du procédé.

Plus petit commun multiple de deux nombres sans les décomposer en facteurs premiers. — P. P. C. M. de plusieurs nombres. — Propriétés fondamentales du P. G. C. D. et du P. P. C. M. de deux ou plusieurs nombres.

Nombres premiers. — Définition et propriétés fondamentales. — Décomposition d'un nombre en ses facteurs premiers. — Formation des diviseurs d'un nombre. — Justification. — P. G. C. D. et P. P. C. M. de deux ou plusieurs nombres.

Fractions. — Définition. — Fraction irréductible. — Propriétés. — Addition, soustraction, multiplication et division des fractions : définitions et démonstrations.

Fractions complexes, opérations sur ces fractions.

Fractions décimales : définitions.

Conditions d'équivalence d'une fraction ordinaire et d'une fraction décimale.

Nombres décimaux. — Opérations sur les nombres décimaux. — Quotient de deux nombres à moins d'une unité décimale donnée : définition et justification.

Carrés et racines carrées. — Définitions de la racine carrée d'un nombre à une unité près par défaut.

Différence des carrés de deux nombres entiers consécutifs. — Reste dans l'extraction de la racine carrée.

Détermination *a priori* du nombre des chiffres de la racine carrée d'un nombre donné.

Racine carrée d'une fraction, d'une nombre décimal.

Définition, à une approximation décimale donnée, de la racine carrée d'un nombre quelconque.

Extraction de la racine carrée et justification.

Preuve par 9 et par 11 de la racine carrée.

Système métrique. — Mesures de longueur, de surface, de volume, de capacité, de poids. — Mesures effectives. — Monnaies françaises ; leur définition, titre, poids ; leur pouvoir libératoire. — Union latine. — Anciennes mesures françaises : longueur, surface, volume, poids.

Anciennes monnaies françaises. — Calculs avec ces anciennes mesures.

Rapports et proportions. — Définitions et propriétés. — Définition de deux nombres variables directement ou inversement proportionnels. — Propriétés.

Nombre variable directement proportionnel à certains nombres variables et inversement proportionnel à d'autres. — Propriétés. — Répartition proportionnelle. — Règle de société. — Le marc le franc, le centime le franc.

Règle de trois directe et inverse, simple et composée. — Règle de chaîne ou règle conjointe.

Mélanges et alliages pour deux ou plusieurs substances. — Prix moyen de l'unité de mesure d'un mélange. — Titre moyen d'un alliage. — Densité moyenne d'un mélange ou d'un alliage. — Règles de mélange et d'alliage. — Justification.

Applications aux titres, prix, longueurs, surfaces, volumes, densités, etc.

Métaux précieux. — Valeur intrinsèque d'un lingot d'or ou d'argent. — Rapport des valeurs de l'or et de l'argent : 1º rapport légal ; 2º rapport commercial. — Valeur du kilogramme d'or au tarif de l'Hôtel des Monnaies. — Unité monétaire de l'Allemagne, de l'Espagne, de l'Italie, de la Suisse, de la Belgique, de l'Angleterre, de l'Autriche, du Brésil, du Portugal, des Etats-Unis d'Amérique et subdivision de l'unité monétaire. — Valeur au pair de l'unité monétaire de ces différents pays. — Valeur en francs, d'après la cote des changes, de différentes sommes exprimées en unités monétaires de ces différents pays, et inversement.

Mesures anglaises de longueur, de poids.

Valeur en monnaie anglaise d'un nombre donné d'unités de longueur ou de poids connaissant le prix de l'unité en livres, schilling et pence.

Intérêt simple et escompte. — Définition. — Calcul de l'intérêt, du capital, du temps, du taux. — Diviseur fixe. — Propriétés du diviseur fixe. — Calcul de l'intérêt par la méthode du diviseur fixe ; par la méthode des parties aliquotes du temps, du capital. — Cas du taux fractionnaire : méthode des parties aliquotes du taux.

Escompte commercial ou en dehors. — Escompte rationnel ou en dedans. — Différence des deux escomptes.

Echéance moyenne. — Echéance commune. — Tant pour cent.

Progressions et logarithmes. — Progression arithmétique : définition et propriétés. — Sommes des termes.

Progression géométrique : définition et propriétés. — Sommes des termes. — Logarithmes : définition. — Logarithme d'un produit, d'une puissance, d'un quotient, d'une racine. — Usage des tables de logarithmes.

Intérêts composés. — Définition et formule fondamentale ; les divers problèmes qui s'y rattachent. — Valeur actuelle d'un capital payable à terme. — Annuités de placement : formule, les divers problèmes qui s'y rattachent. Placements annuels : formule.

Annuités constantes d'amortissement ; les divers problèmes qui s'y rattachent.

GÉOMÉTRIE

Égalité des triangles quelconques.—Egalité des triangles rectangles.

Circonférence. — Mesure des angles.

Lignes proportionnelles. — Cas de similitude des triangles.

Relations métriques dans les triangles et le cercle.

Polygones réguliers inscrits et circonscrits à une circonférence : carré, triangle, hexagone, pentagone. Longueur de la circonférence.

Polygones semblables.

Mesure des aires : rectangle, parallélogramme, trapèze, polygone régulier.

Rapport des aires de deux triangles semblables, de deux polygones semblables.

Aire du cercle, du secteur, de segment circulaire.

Parallélipipède : les différentes sortes, leur volume.

Volume du prisme.

Volume de la pyramide, du tronc de pyramide à bases parallèles.

Volume du tronc de prisme triangulaire, du tas de sable.

Le cylindre et le cône de révolution ; volume et surface. — Le tronc de cône de révolution à bases parallèles, volume et surface.

La sphère. — Trouver le rayon d'une sphère solide.

La zone. — Aire de la zone. — Aire de la sphère. — Volume de la sphère, du secteur sphérique, du segment sphérique.

DEUXIÈME PARTIE

TEXTES

DES

QUESTIONS POSÉES DEPUIS 1919

CONCOURS DES 17 ET 18 NOVEMBRE 1919

Rédaction.

Réformes accomplies par la Révolution dans le domaine économique. Abolition de l'ancien régime corporatif.

Physique et chimie.

Procédés de fabrication, propriétés et emplois de la soude caustique, du carbonate et du sulfate de sodium.

Géographie économique et commerciale.

Quels avantages économiques l'Alsace-Lorraine peut-elle procurer à la France ?

Arithmétique.

I

Trois capitaux, le 1er de 28.000 francs, le 2° de 35.000 francs, le 3e de 40.000 francs, ont été placés pendant des temps différents dont le total est de 15 ans. Les intérêts simples produits sont respectivement de 8.400, 6. 300 et 9.500 francs. Les taux de placement du second et du troisième sont respectivement les 9/10 et les 19/20 de celui du premier. Calculer les durées de placement de chaque capital.

II

On dispose d'une certaine somme pour l'achat d'une marchandise dont le prix normal du kilogramme est fixé. Si ce prix normal était augmenté de 1 franc on aurait, pour la même somme, 2 kilogrammes de moins. Si, au contraire, ce prix normal était diminué de 1 franc, on aurait toujours, pour la même somme, 3 kilogrammes de plus.

Quel est le prix normal et quel nombre de kilogrammes peut-on acheter, à ce prix, avec la somme dont on dispose ?

Géométrie.

Un terrain rectangulaire ABCD de 200 mètres de long et de 150 mètres de large doit être traversé suivant la diagonale AC par une route de 24 mètres de large dont AC est l'axe. Le propriétaire du terrain est indemnisé à raison de 6.000 francs l'hectare de terrain enlevé.

On demande quelle somme il doit recevoir.

CONCOURS DES 23 ET 24 MARS 1920

Rédaction.

Le commerce extérieur (importations, exportations, transit) ; son rôle et son utilité. — Le change. — Balance du commerce extérieur.

Physique et chimie.

Etude expérimentale des lentilles convergentes et divergentes (l'existence des images et les propriétés des plans focaux seront considérées comme données par l'expérience) et simple énumération de leurs principales applications.

Géographie économique et commerciale.

Le réseau navigable de la France. En quoi consiste-t-il ? Son rôle actuel dans la vie économique du pays. Ses lacunes.

Arithmétique.

I. — Un capital placé à un certain taux pendant 10 mois est devenu avec ses intérêts 50.100 francs.

Si ce même capital avait été placé pendant 40 mois, mais à un taux égal aux 3/4 du premier, il serait devenu 56.400 francs.

Quels étaient le capital primitif et les deux taux ?

II. — Dans un lingot d'or et de cuivre, on remplace 15 grammes de cuivre par 15 grammes d'or : le titre augmente de $\frac{5}{100}$. Quel est le poids du lingot ? — Si, dans le même lingot primitif on avait enlevé 60 grammes de cuivre, sans les remplacer par de l'or, le titre eût augmenté de $\frac{15}{100}$. Quel était le titre primitif du lingot ?

Géométrie.

On donne un triangle équilatéral ABC dont le côté est de 1 mètre. On décrit dans ce triangle un premier arc de circonférence passant par les sommets A et C et tangent aux côtés AB et BC, puis un second arc de circonférence passant par les points A et B et tangent aux côtés AC et BC.

— Calculer l'aire de la partie commune aux deux cercles auxquels appartiennent ces deux arcs de circonférence.

CONCOURS DES 9 ET 10 NOVEMBRE 1920

Rédaction.

La monnaie, sa nature et son rôle ; monnaie de papier et papier-monnaie.

Physique et chimie.

Description sommaire des organes essentiels d'une machine à vapeur (générateur, moteur, condenseur).

Géographie économique et commerciale.

Les principaux ports de commerce du monde, leur importance comparée. Les grandes lignes de navigation internationale.

Arithmétique.

I. — Pour régler aujourd'hui l'acquisition d'un mobilier faite à crédit, on nous propose deux modes de règlement, soit par un effet de 7.200 francs, payable à 40 jours, soit par un versement de 3.620 francs en espèces et un effet de 3.600 francs. Déterminer l'échéance de cet effet de telle manière qu'il y ait équivalence aujourd'hui entre les deux modes de règlement. Taux d'escompte commercial 5 0/0.

II. — Sachant que 279 pièces d'or allemandes de 10 marks doivent être obtenues avec un kilogramme d'or pur, on demande quel est le plus petit nombre de grammes d'or pur qui peut être exactement employé à la fabrication de pièces de 20 *marks* ou de pièces de 20 francs, et dans l'un et l'autre cas quel est le nombre de pièces obtenues ?

Géométrie.

On construit un triangle équilatéral ABC de côté $a = 3$ cm. (centimètres). On mène les hauteurs BF et CD qui se coupent en O. Du point O comme centre avec OD pour rayon on décrit la portion de circonférence DMF.

On demande le volume engendré par la figure BDMFC quand elle tourne autour de AO.

CONCOURS DES 11 ET 12 AVRIL 1921

Rédaction.

L'échange. La loi de l'offre et de la demande.

Physique et chimie.

Description des générateurs de courant électrique continu : piles et machine Gramme.

Géographie économique et commerciale.

Les relations commerciales de la France et de la Grande-Bretagne. Quels en sont les éléments ? Par quels ports se font-elles ?

La guerre les a-t-elles modifiées ?

Arithmétique.

I. — Un spéculateur achète un stock de marchandises à raison de 500 francs la tonne métrique. Après l'acquisition, il s'aperçoit que le stock contient 800 kilogrammes de moins que ce qu'il a payé. Il trouve à le céder tout de suite, *poids exact*, à 600 francs la tonne ; il gagne ainsi 12 % sur son déboursé. Quel est ce poids exact ?

II. — Une personne avait placé les 4/5 de son capital à 4 % et le reste à 5 %. Après remboursement de ce capital, elle fait sur ce capital un prélèvement de 2.000 francs et place le reste à 6 %, son revenu annuel est alors augmenté de 384 francs. Quel était le capital primitif ?

Géométrie.

On considère un hémisphère de rayon égal à 2 centimètres.

1° A quelle distance de sa base doit-on mener un plan P parallèle à cette base pour diviser l'hémisphère en deux parties d'aires égales entre elles?

2° Quelle serait l'aire du cercle de section déterminé dans l'hémisphère par ce plan P ?

CONCOURS DES 7 ET 8 NOVEMBRE 1921

Rédaction.

La nature: facteur de la production.

Physique et chimie.

Notions théoriques sur l'électro-aimant : ses applications au galvanomètre et au télégraphe Morse.

Géographie économique et commerciale.

La Belgique : ses ressources naturelles, son industrie, son commerce.

Arithmétique.

I. — On a fait escompter trois effets de commerce, le premier à 4 % pour 30 jours, le second à 5 % pour 72 jours le troisième à 6 % pour 130 jours. Le total des escomptes est de 79 francs. La valeur nominale du second effet surpasse de 300 francs celle du premier et la valeur nominale du troisième effet surpasse de 300 francs celle du second. Trouver la valeur nominale de chaque effet.

II. — Un importateur a payé une première fois 677 francs pour les droits de douane de 34 tonnes d'une marchandise A et de 18 tonnes d'une marchandise B. Trois mois après il a payé 514 fr. 50 pour 28 tonnes de A et 10 tonnes de B, mais le droit par tonne est l'ancien droit augmenté de 5 %. Quel est le dernier droit ?

Géométrie.

Un vase a la forme d'un tronc de cône droit à base circulaire. Sa capacité est égale à celle d'un cylindre de base 0 m. 06 et de hauteur 0 m. 21. Sachant que la hauteur de ce tronc de cône est de 0 m. 09 et que le rayon de sa grande base est le double du rayon de sa petite base, calculer la surface intérieure de ce vase.

CONCOURS DES 16 ET 17 OCTOBRE 1922

Rédaction.

Déséquilibre actuel des changes, son influence sur les relations économiques internationales ; causes de ce déséquilibre et moyens d'y remédier.

Physique.

Liquéfaction des gaz. Applications industrielles des gaz liquéfiés.

Géographie économique et commerciale.

Les canaux de Suez et de Panama ; leur rôle respectif dans le commerce du monde.

Arithmétique.

Un puits alimenté par des sources a une capacité de 12 mètres cubes. Il est exactement rempli d'eau lorsque 4 ouvriers entreprennent de le vider. Ce travail leur demande 3 heures. Si, au lieu de 4 ouvriers, on eût employé 5 ouvriers, le travail n'eût demandé que 2 heures.

Sachant que chaque ouvrier enlève par heure un même nombre de mètres cubes d'eau, trouver :

1º Le débit des sources par heure ;

2º Le nombre de mètres cubes d'eau enlevés par un ouvrier en une heure.

Géométrie.

Dans un bloc de cristal de forme cubique se trouve creusée une cavité dont l'ouverture, située dans l'une des faces du bloc, est un cercle de rayon R = 10 cm. et dont la paroi latérale est la portion de surface d'une sphère qui aurait pour grand cercle l'ouverture de la cavité. Le fond de cette cavité est un cercle dont le plan est à une distance h = 7 cm. du plan de l'ouverture.

Calculer :

1º La surface totale limitant la cavité ;

2º Le volume du cône qui aurait pour base le fond de la cavité et pour sommet le centre de l'ouverture ;

3º La capacité de la cavité.

CONCOURS DES 18-19 OCTOBRE 1923

Rédaction.

Commerce extérieur et intérieur ; son rôle et son utilité.

Chimie.

Généralité sur les carbures d'hydrogène ; méthane, éthylène, acétylène, pétroles et produits usuels extraits de ces derniers.

Géographie économique et commerciale.

Le Japon. — Relief, côtes, climat : productions naturelles et industrielles, commerce. Son rôle économique en Extrême-Orient et dans le
Pacifique.

Mathématiques.

1. On place aujourd'hui deux capitaux, l'un de 60.000 francs, l'autre
de 29.000 francs, à intérêts simples, le premier à 5 %, le second à 8 %.
Les intérêts simples d'un troisième capital, placé en même temps que
les deux premiers, sont annuellement de 6.220 francs.

Au bout de combien de temps le total des deux premiers capitaux et
de leurs intérêts sera-t-il égal au double des intérêts produits par le
troisième ?

2. Un vase présente une cavité à parois verticales dont l'ouverture est
un carré de 20 centimètres de côté. Cette cavité est en partie remplie
d'eau. En appelant AB le niveau de cette eau, on demande à quelle
profondeur *au-dessous* de ce niveau AB on doit descendre verticalement
un cylindre plein, de rayon 5 centimètres, pour que la hauteur *immer-
gée* de ce cylindre soit de 8 centimètres.

Les Annales des Douanes, revue bimensuelle, tenant ses lecteurs au courant de tout ce qui les intéresse par rapport à la Douane : documents officiels, instructions administratives, documents contentieux, commentaires et correspondance.

Annuaire des Douanes, 1 vol. in-12. — L'Annuaire présente pour la métropole et aussi pour l'Algérie et les Colonies le **Tableau du personnel par Direction**, le **Tableau du personnel par grades** ; le **Tableau du personnel par ordre alphabétique** ; la nomenclature de tous les services se rattachant à la Douane ; puis la *revue de l'année*, les Concours ; le **Tableau des bureaux des Douanes, des entrepôts et des recettes buralistes**, indiquant le *nom de chaque bureau*, le *département* dans lequel *il est situé* et la *Direction* à laquelle il ressortit.

Guide des candidats à l'examen professionnel de contrôleur adjoint des Douanes. Instructions officielles, programme des matières, sujets donnés avec références, spécimens de réponses. Une brochure in-8°.

Précis élémentaire de Réglementation douanière à l'usage des candidats aux examens professionnels de l'Administration des Douanes. 1 vol. in-4°.

Tableau des infractions que les agents des Douanes sont appelés à constater (précédé du *Recueil des lois, instructions,* etc.). 1 vol. in-12 *franco*.

Guide Manuel du Contentieux (frontières maritimes et frontières de terre) à l'usage des préposés, sous-officiers, candidats aux grades d'officier et de receveur ou de contrôleur adjoint, contenant : I. Notes pratiques du contentieux. — II. Formulaire de procès-verbaux. Canevas de rapports. Recueil d'actes de contentieux, par Henri Deblok, contrôleur en chef des Douanes, *nouvelle édition refondue et mise à jour par un sous-chef de Bureau à la Direction générale des Douanes.* 1 vol.

Tableau des droits d'entrée et de sortie, donnant avec l'indication des coefficients le tarif général et le tarif minimum, la liste des pays jouissant de ce dernier tarif, les tarifs particuliers concédés à divers Etats, le tarif d'entrée de la Corse et de l'Algérie, le régime douanier applicable aux marchandises allemandes importées au titre des réparations en nature, les tableaux des taxes complémentaires et intérieures, le régime applicable aux produits importés des colonies, le régime applicable aux voitures étrangères importées temporairement en France, la taxe de statistique, la taxe sur le chiffre d'affaires et la taxe de luxe sur les produits importés. 1 vol. in-4°.

Répertoire général du Tarif des Douanes.

Notions élémentaires d'instruction civique, organisation politique, administrative et judiciaire de la France, de législation financière, de droit civil et d'économie politique, par Eugène Audinet, professeur à la Faculté de droit de l'Université de Poitiers. 1 vol.